# Die Schule der Demut

AF567577

Jürgen Große

# DIE SCHULE DER DEMUT

**Ein Brevier in Aphorismen**

**Impressum**

Bibliografische Informationen der Deutschen Nationalbibliothek
Die Deutsche Nationalbibliothek verzeichnet diese Publikation in der Deutschen Nationalbibliografie; detaillierte bibliografische Daten sind im Internet über http://dnb.d-nb.de abrufbar.

ISBN: 978-3-86408-305-6

Korrektorat: Ralf Diesel

Grafisches Gesamtkonzept, Titelgestaltung, Satz und Layout:
Stefan Berndt – www.fototypo.de

© Copyright: Vergangenheitsverlag, Berlin / 2024
www.vergangenheitsverlag.de

Alle Rechte, auch die des Nachdrucks von Auszügen, der fotomechanischen und digitalen Wiedergabe und der Übersetzung, vorbehalten.

## *Inhalt*

Für Ina

## *Sehnsucht*

Ein Leben, dessen Sinn feststeht, erweckt keine Sehnsucht, es hält nur in Bewegung.

Wer etwas verehren will, muß es ein wenig von sich entfernen.

Nichts ist so gewöhnlich wie die Weigerung, das Gewöhnliche festen Blicks anzusehen.

Um unglücklich zu werden, genügt es, daß man sich nach dem glücklichen und zugleich nach dem wirklichen Leben sehnt.

Wo die Verheißungen uns verwirren, tut Besinnung not auf unsere angeborene Armut.

Man kennt sich nie gründlich genug, um sich einmal ganz vergessen zu können.

Nicht größer sein wollen, als man ist: Formel der Weisheit und vielleicht eines Wachstums, das mit ihr vereinbar wäre.

## *Jugend*

Nicht mehr jung sein: eine Entdeckung, die jedes Alter in Atem hält.

Sich begeistern ist das Recht der Jungen, sich begeistert zeigen die Rettung der Dummen.

Angeborener Einfalt kann das Alter nicht aufhelfen, doch kann es sie vertiefen.

Fast alles läßt sich einrichten im Leben, nur nicht das, wonach man es ausrichten wird.

Zuerst täuscht man sich über einen Menschen aus Respekt, später aus Mitleid.

Solange man noch bewundern kann, darf man Ansprüche stellen.

Die Jahre sind ohne Sinn für jeden, der einen in ihnen sucht.

Was Jugend zuletzt begreift: Es geht auch ohne Ernst.

## *Begier*

Schönheit, die trösten soll, muß unerreichbar sein.

Man ist immer nur so alt, wie man nicht sein möchte.

Aus Schwäche begehren, aus Schwäche verzichten wir.

Das Gewöhnliche ist nicht, was alle tun, sondern was alle wollen.

Was die erste Leidenschaft zur frühesten Erinnerung werden läßt, bleibt ein Mysterium.

Die verlernt haben, enttäuscht zu sein, lernen doch bald, empört zu scheinen.

Dem Alter ist es vorbehalten, die reine Schönheit zu sehen und die nackte Gier zu spüren.

Irgendwann sind alle Wünsche hergesagt. Dann müssen Taten folgen oder Tränen.

## *Eitelkeit*

Durch nichts wird man den anderen ähnlicher als durch das Interesse, das man für sich selbst aufbringt.

Eitelkeit ist der Grund, daß wir mit gelangweiltem Gesicht ausgehen und mit gekränktem Gesicht heimkehren.

Wer noch nicht weiß, wer er ist, möchte es durch einen Bewunderer erfahren.

Eitelkeit mag über das hinwegtrösten, was man nicht bekommen kann, doch kaum über das, was man verloren hat.

Wahrscheinlich erfährt man erst auf dem Totenbett sein wirkliches Alter.

Solange ein Mensch von sich spricht, denkt er nichts Böses; daher die Harmlosigkeit der Mitteilsamen.

Kann eine Leidenschaft *ausführlich* werden? Nur wo sie nicht zu Worte kam!

Der Ordinäre ist der Gewöhnliche, der auffallen will.

Erstaunen zu heucheln fällt schwer, wenn man Gutes über sich hört.

Man kann einfältig sein und so oft davon sprechen, bis man für gewitzt gilt.

Ehre ist das Geschwätz einer sozialen Schicht, Ehrlichkeit das Gebot einer unbekannten Stimme.

Wie gern hätte der Bedeutsame etwas zu sagen, auf daß er bedeutsam schweigen könnte!

Mit den Jahren verliert man die Achtung vor dem Menschen und beginnt, den Leuten zu schmeicheln.

Den Narziß kann nur ein Verkleinerungs- oder ein Vergrößerungsspiegel erlösen.

An einem Kompliment schmeichelt uns zweierlei: zum einen, was es über uns behauptet, zum anderen, daß jemand für uns die Wahrheit beugt.

Öffentliche Aufmerksamkeit verdient jeder, der unserem verborgenen Wert nachspürt.

Der Stolz hat sein Recht, solange er keinen Grund hat; begründeter Stolz ist nur noch Eitelkeit.

Der Tiefsinnige behält das Beste zurück, der Hochsinnige beglückt damit alle Welt.

Eitelkeit steht am Anfang der Unsterblichkeit: Wer sich selbst aufrichtig bewundert, huldigt nicht den Götzen des Tages.

Man kann so einsam sein, wie man will, irgend jemand wird doch davon erfahren.

## *Einsamkeit*

Gesellschaft ist zufällig, Einsamkeit nie.

Bekanntschaften machen, seine Einsamkeit erweitern ...

Wenn das Herz wüßte, von welcher Welt es umpanzert ist, dann wagte es nicht mehr zu schlagen.

Der einzige Gedanke, der den Kopf eines Gewöhnlichen bewohnt, ist der Gedanke an seine Außergewöhnlichkeit.

Bewunderung führt von Mensch zu Mensch, Verehrung hält bei dem einen.

Der Wunsch, bewundert oder bedauert zu werden, treibt noch den hartnäckigsten Einsiedler in Gesellschaft.

Glück weitet die Seele, Unglück erfüllt sie.

Das Herz hat seine Sprechstunden.

Manchmal befreundet man sich doch noch mit dem eigenen Esprit, zumindest dann, wenn man seinetwegen befeindet wird.

Das Schicksal der Einsamkeit kann selbst den Dümmsten treffen. Das Gefühl der Einsamkeit verlangt ein wenig Intelligenz.

Nicht vom Egoismus, doch von der Egozentrik heilen uns Menschen, die uns bewundern und von dem Prachtkerl berichten, der wir nicht sind.

Der Weltflüchtige hat mehr begriffen als der Menschenhasser.

Sobald man von Verleumdern umschlossen ist, darf man sich vorurteilsfrei in sich selbst vertiefen.

Die Welt schuldet mir nichts. Ich schulde mir nichts. Ich schulde der Welt nichts: Dieser dreifache Freispruch birgt allen verfügbaren Trost.

## *Empfindung*

Die erste Leidenschaft ist durch eine Empfindung gerechtfertigt, die nachfolgenden durch eine Erinnerung.

Manche Menschen sind nur in der Vorstellung erträglich, andere nur in der Umarmung.

Die Existenz der Liebe ist das Erstaunliche, nicht die Existenz von Geliebten.

Die Freundschaft verlangt die Gabe, die Leidenschaft den Tausch.

Es gibt maßlose Verehrung, jedoch kein maßloses Wohlwollen.

Seele ist, was man einem Körper nicht einpflanzen kann.

Nur der Dummkopf weiß zu sagen, warum er liebt.

Jedes zärtliche Gefühl neigt etwas zur Starrheit.

Verkannt wie ein liebendes Herz …

Nur *einen* Menschen, nur *eine* Sache lieben wollen – das kann von einer schwachen Phantasie oder von einer reichen Erfahrung zeugen.

Siegel finaler Zufriedenheit: die Unlust zum Urteil.

Eine Leidenschaft wirkt ehrlich, wenn sie frei von Absichten und Rücksichten ist … wenn sie der vollendete Selbstbetrug ist.

Verliebtheit erschafft eine Welt, Lieblosigkeit macht keine Umstände.

## *Einheit*

Ein Paar, das von seinem Glück spricht, verletzt das Zartgefühl kaum weniger als ein Paar, das von seinem Unglück spricht.

Es gibt eine Langeweile, die nach Abgründen gähnt.

Zu Versprechungen neigen die Arglosen und die Schwindler.

Takt ist genau das, was das eine Geschlecht vom anderen niemals lernt.

Verehrung: jemandem die Wahrheit verschweigen. Zuneigung: für ihn Lügen erfinden.

Alle Konvention langweilt, wenn man das Leben erst einmal in der Realität oder in der Phantasie gesehen hat.

Es gibt Menschen, denen man ihre Gefühle verzeiht, jedoch nicht die Worte, die sie davon machen.

Geliebte Wesen sind verpflichtet, allen unvollkommen zu erscheinen, die nicht ihre Liebhaber sind.

Was Eheleuten außerhalb ihrer Ehe zustößt, das zeigt ihnen deren Schwächen.

Tägliche Übung in der Freundlichkeit bewahrt davor, dereinst Zärtlichkeit heucheln zu müssen.

Jede stolze Gemahlin gleicht einem Gretchen, das sich zu retten wußte.

Was an häuslichem Glück auffällt, ist nicht allein die Führerschaft der Frau, sondern auch die Folgsamkeit von Männern, deren Männlichkeit außerhalb des Hauses feststeht.

Am übelsten reden dem anderen Geschlecht jene nach, die nicht von ihm zu enttäuschen sind.

## *Eifersucht*

Der Glaube erstarrt vor der Gewißheit.

Einer Seele kann, einem Körper muß man verzeihen.

Eifersucht ist nicht Neid. Eifersucht ist Abwehr der Neider.

Die Grenzen unserer Großmut sind die Grenzen unseres Körpers.

In der Eifersucht begreift der Liebende, daß seine Liebe nicht die Welt ist.

Wer etwas anderes liebt, wird begehrt und gehaßt, wer gar nichts liebt, gefürchtet oder verachtet.

Der großherzige Liebhaber toleriert alles, solange ihn nichts dazu zwingt.

Anstrengend nennt man den Menschen, bei dem man nicht zu fragen wagt, ob die Anstrengung lohne.

Bereits für die zweite Liebe braucht man einen guten Grund, für die folgenden alle guten Gründe der Welt.

Nur den Menschen hat man zärtlich geliebt, auf dessen Gesicht man keine Grimasse sehen mochte, wobei, wovon, wodurch auch immer.

## *Verstrickung*

Das Zweitbeste ist meist besser als das Erstbeste.

Der ganze Mensch wird nur durch seine Teile beherrschbar.

Die Liebe stirbt, wenn man nichts mehr von sich zu erzählen hat.

Kleine Freuden machen den Menschen klein, große offenbaren sein Maß.

Wer von sich meint, daß ihn alles errege, den fesselt zu wenig in der Welt.

Das Objekt der Anbetung: eine Fiktion, die an ihre Realität glaubt.

Wer uns liebt, widerspricht sich nie, wenn wir ihm zuhören.

Der Eifer von zweien, einander Mittelpunkt des Lebens zu sein, endet in schiefen Verhältnissen.

Was gegen manche Wörter einnimmt, sind die Gefühle, die man nötig hat, um sich ihrer nicht schämen zu müssen.

Im Pathos der Liebe bleibt etwas, das dem Tierreich entstammt. Es peinigt die zartfühlenden Seelen und langweilt die lustsuchenden.

Ein leidenschaftliches Betragen ist das mindeste, was man von einem lieblosen Menschen erwarten darf.

Nichts klingt glaubhafter als die Rede des Wesens, das man liebt, wenn es Dinge sagt, die man hofft.

Es gibt auf Erden mehr Verstandesgläubige als Sinnenfreudige: Verstand läßt sich oft nachahmen, Sinnlichkeit fast nie.

Die Konversation der Verliebten ist die Synchronisation zweier Monologe.

»Reizend« sollte man nur Menschen und Dinge nennen, die wirklich nichts weiter sind als das.

Einen Körper haben heißt einsam sein, einsam sein heißt an fremde Körper glauben.

Das Geräusch der Liebe verlautbart jene Hast, in der das Leben lautlos vergeht.

Jenseits der Worte gibt es nichts, wofür sich ein Paar schämen müßte.

Wer souverän sein Joch zu tragen versteht, wird die Peitsche weder schwingen noch fühlen müssen.

Nur ein Sterbender sollte vom Leben reden dürfen, so wie nur ein Hassender vom Lieben.

Es ist leichter, ohne die Menschen zu leben als ohne den einen.

## *Ernüchterung*

An den süßesten Hoffnungen nagt der Zahn der Zeit und wird doch nicht hohl dabei.

Man verarmt, wenn man mit der Illusion nicht auch die Begierde einbüßt.

»Lieblos« heißt allzu oft der Mensch, der um des Geliebten willen die Liebe erträgt.

Je tiefer wir gekränkt sind, desto heftiger wünschen wir, enttäuscht zu scheinen.

Die Kunst des Verzichts lehren weder Mangel noch Besitz.

Nur das Niedrige täuscht sich nicht über seinesgleichen.

Häßliche Szenen ersparen manchmal häßliche Gefühle.

Wer mäßig ist, muß nicht bescheiden sein.

Von der Reue befreit die Sorge.

Scham macht das Innere des Menschen schief, Stolz macht sein Äußeres starr. Warum also der Jugend nachtrauern, dieser Posse aus Scham und Stolz?

Nur Freuden, nicht Sehnsüchte sind erneuerbar.

Sobald man sich nicht mehr selbst betrügen kann, muß man einen anderen betrügen, wie alle anderen.

Die meisten Hoffnungen werden lebendig begraben.

Abschiedsbriefe: Diese Undankbarkeit gegen Menschen und Lügen, die einem durch die Jahre halfen ...

## *Gewohnheit*

Die Normalität des Lebens ist das, wovon man sich zwischen Geburt und Tod mehr oder minder weit entfernt.

Gewohnheitsmenschen nennt man jene, die dem Ewigen huldigen, ohne die Folgen zu bedenken.

Wer sich jede Annehmlichkeit versagt, verfällt rasch dem erstbesten Laster.

Nur der eingestandene Fehler kann Teil des Charakters werden.

Wer sich für bemitleidenswert hält, irrt sich nie.

Der Jugend Lebwohl zu sagen, heißt meistens nichts weiter, als sich mit den Lebenden zu arrangieren.

Was vom spielenden Kind übrig bleibt: beim Junggesellen das Verspielte, beim Ehemann das Kindische.

Jahre der Unzufriedenheit haben noch jeden befähigt, seine Ansprüche ans Leben zu formulieren.

Zynismus, aus dem nicht Bitterkeit des Lebens spricht, ist bloß Eitelkeit des Geistes.

Der Schmerz über den Verlust ist uns oft treuer, als es uns das Verlorene war.

Zwischen gleichberechtigten Seelen wird jedes Gefühl zum Vertrag.

Zu bewundern verlernt man zuerst, zu begehren zuletzt.

Leidenschaft und Gewohnheit bezwingen alles.

## *Gleichmut*

Schon früh kann ein Leben so interessant geworden sein, daß man ihm nur noch als Zuschauer beiwohnen möchte.

Was wir begriffen haben, vergessen wir rascher als das, was wir empfunden haben.

Ratlosigkeit ist das Morgenblinzeln des Zartgefühls.

Der Gedankenvolle kann nicht freundlich sein, und doch kränken die Freundlichkeiten des Gedankenlosen.

Irgendwann zieht man auch aus seinen Enttäuschungen keinen Gewinn mehr.

Das Vorrecht der Leidenschaftlichen ist die Gleichgültigkeit gegenüber den Gleichgültigen.

Wer nie Abschied nehmen kann, der hat verdient, daß man von ihm Abschied nimmt.

In der Nähe von Menschen, die keine Sehnsucht kennen, erfriert die Seele, in der Gegenwart von Menschen, die nichts als ihre Sehnsucht kennen, verdorrt sie.

Man verliert seine Anmut, wenn man sie bei anderen nicht mehr entdecken kann.

Im Stolz verlernt man die Lust, und Lustlosigkeit wird zur trägen Siegerin über die Welt.

Es ist leichter, Gleichmut zu heucheln als Gleichmut zu verbergen.

Die Dummheit ist nur als Leidenschaft respektabel und die Leidenschaftslosigkeit nur als Intelligenz.

Wir vergehen, sobald man uns nicht mehr warten läßt.

## *Mißgunst*

Wohltaten schmerzen erst in der Erinnerung.

Niemanden beneiden heißt niemanden kennenlernen.

Die Mißgunst ist gerechter verteilt als die Güter, denen sie gilt.

Aufrichtig bewundert wird allein das, was sich weder erschaffen noch nachahmen läßt.

Vom Neid erlöst nur die Bewunderung, vor der das Bewunderte klein wird.

Das Glück, das man nicht mehr genießen kann, ist genau das, was einem der Nachbar nicht gönnt.

Sobald man Opfer – oder bescheidener: Objekt – der Mißgunst geworden ist, wird es rings um einen weit und leer. Jetzt hätte man Gelegenheit, all das anzuhäufen und aufzutürmen, was Mißgunst erregen könnte!

Echte Nächstenliebe ist immer gedankenlos.

Der Begabungsstarke versetzt seine Umwelt oft in solche Aufregung, daß nur die Kunde von seiner Charakterschwäche sie einigermaßen beruhigt.

Man empört sich über geheuchelte Zustimmung und nie über gespielte Empörung.

Der Biß der Schlange hat uns befähigt, ihre Rede zu verstehen – wenn auch erst zu der Zeit, da wir nicht mehr mitreden durften im großen Garten.

Je weniger Neid einer Bewunderung beigemischt ist, desto stärker wird der Bewunderte sie als Beleidigung empfinden.

Die lebenslange Verdrossenheit mancher Leute erklärt sich wahrscheinlich daraus, daß sie sich ein Leben lang unter den falschen Leuten glaubten.

## *Ehrgeiz*

Jede Tat bedroht das Bild, das wir von uns haben.

Das Dasein zerbricht oder versinkt, wenn es aus einem Guß sein soll.

Die beste Möglichkeit, sich von dummen Ideen zu befreien, ist ihre Verwirklichung.

Mit dem Erschrecken über das wenige, was man ist, endet die Gefühls- und beginnt die Erwerbsbiographie.

Was man an Höhe gewinnt, verliert man an Gewicht.

Der Fehler des Meisters läßt sich kopieren, der Mißgriff des Stümpers bleibt originär.

Man wäre gar zu unglücklich, wenn man alle kennen würde, denen man bekannt zu werden wünscht.

Der Ehrgeiz entspringt – entgegen allem Anschein und Geräusch – einem passiven Temperament: der Ehrgeizige möchte erkannt, bekannt, bewundert werden, möchte also bleiben dürfen, wofür er sich hält.

Geld ist die Hauptsorge jedes Lebens, das nicht seinem Erwerb gewidmet ist.

Wer nicht in Gemeinschaft lebt, aber in Austausch treten will, trägt Unerträgliches in sich.

Aufstiegseifer zeugt wie Reiselust von dem Wunsch, unter Menschen zu sein, die nicht mit uns rechneten.

Ein ungezähmtes Wollen hinterläßt mehr Verwüstungen als ein unkultiviertes Fühlen.

Die Koketterie wütet um so heftiger, je kleiner ihr Publikum ist. Wer gefallen will, der begnügt sich nicht mit seinem Publikum – er erschafft es sich.

Seit das Alter nicht mehr ein schwindendes Leben ankündigen soll, muß es eine schwindende Jugend ankündigen.

Der Bewunderer ist ein Genie der Aufmerksamkeit, die Berühmtheit ein Genie der Ignoranz.

Auf dem Haupt des Strebers erweckt der Lorbeer weniger Mißgunst als auf dem Haupt des Begabten.

Ein überflüssiges Amt wird nicht brauchbarer dadurch, daß sich ein brauchbarer Mann dafür bewirbt.

Für den Philister gibt es keine Wahl, er kennt nur die Alternative: Fleiß oder Begabung.

Ehrgeiz macht rascher von sich reden als Talent.

## *Einsicht*

Der Gewitzigte bleibt, was er ist, der Einfältige entwickelt sich zum Ernsthaften, der seine Fortschritte herzusagen weiß.

Je mehr Vorurteile jemand hat, desto weniger will er eines davon missen.

Der Geist bezeichnet den kindlichen Teil der Seele, seine Alleinherrschaft ihr kindisches Zeitalter.

Leere Köpfe sind von einer Gastfreundlichkeit, die auf verwirrte Köpfe einladend wirkt.

Das Glück erzählt sich schlecht – und es wird allzu ausführlich, wenn es einmal von sich erzählen will.

Die meisten Menschen macht ein wenig Wissenschaft noch dümmer.

Vorurteile formen einen Geist, solange es fremde sind.

Durch Lob stellt man sich höher als durch Tadel.

Lügen welken, faulen aber nicht wie manche Wahrheiten.

Gegen Ironie hat Inbrunst weder Recht noch Macht.

Vernünftig geworden ist, wer sich ohne Sehnsucht zu regen versteht.

Der Gedankenlose fühlt sich geschmeichelt, wenn ihm der Sprachlose das Wort überläßt.

Dem Ernst der Welt leben heißt einsam lachen müssen.

Überzeugungen sind der Halt schwankender Charaktere.

In einem hohlen Kopf ist stets mehr Raum für Lösungen als für Probleme.

Der Ehrgeiz, die Wahrheit zu sagen, endet im Kerker, der Eifer, die Wahrheit zu zeigen, führt auf die Bühne.

Nur wer seine elementaren Interessen vernachlässigt, erkennt die elementaren Zwänge der Welt.

Kultiviert ist die Seele, die im Geist weder ein Mittel noch einen Zweck sehen will.

Man versteht Menschen zu durchschauen und verlernt Mienen zu lesen.

Nicht die Erkenntnis vergiftet, sondern was einer in sie mitbringt.

Das verdüsterte Herz tröstet sich mit einem glänzenden, wenngleich nicht strahlenden Verstand.

Die erste Entdeckung des befreiten Individuums ist die Erniedrigung seines befreiten Geschlechts.

Die »objektive Betrachtung« eines Menschen bedeutet, ihn von uns zu entfernen, ihn in Schußweite zu bringen und auf den Schuß zu verzichten dank einer Gleichgültigkeit, die jeden Haß übertrifft.

Wenn man durch Selbsterkenntnis fast gelähmt ist, kann man sich nur durch eine Handgreiflichkeit retten, und Selbsthaß ist eine.

»Aufrichtig sein« heißt glauben, daß andere uns glauben müssen, sobald wir uns selbst glauben können.

Mancher hält sich eine Maske vor, damit man glaube, dahinter sei ein Gesicht.

Ironie ist das, was sich weder mit Ernst noch mit Späßen aus der Welt schaffen läßt.

Die Frage der gereiften Leidenschaft ist nicht, ob wir einen Menschen sehen, sondern ob wir ihn wiedersehen wollen.

Ein Urteil über einen Charakter – das sollte immer nur ein Akt der Abwehr, nie des Angriffs sein.

Nur wenn sie leidet, ist die Seele tätig.

Unglaublich, wie man sich selbst in- und auswendig kennen und doch abends einschlafen kann!

## *Reue*

Was wir am liebsten sind, sind wir am seltensten.

Manche Schandtaten kann nur man selbst sich verzeihen.

Das Bedauern, das wir nie zu zeigen wagen, ist das Bedauern über das, was wir sind.

Wer nichts bereuen muß, der hat entweder stets alles richtig gemacht, oder er hat unter seinen Fehltritten nicht mehr zu leiden. Die Anmaßung oder die Ahnungslosigkeit ...

Sobald man nichts im Leben mehr fürchtet, beginnt man, das Leben selbst zu fürchten.

Eine spontane Regung, die man nicht bereut, kann nur sorgfältiger Überlegung entsprungen sein.

Genuß hängt an Lebendigem, ist also vergänglich, Reue an Erstorbenem, ist also ewig.

Aufrichtig bereuen kann man stets nur Gutes – das man gab, das man nahm.

Es gibt Vergessen ohne Verzeihen, aber kein Verzeihen ohne Vergessen.

Nicht demütig ist, wer sich anklagt.

## *Demut*

Die großen Momente einer Seele sind die, in denen sie sich mit ihrer Mittelmäßigkeit versöhnt.

Den Bescheidenen wurmt die Bescheidenheit seines Nächsten noch mehr als dessen Unbescheidenheit.

Daß jeder Mensch ein Künstler sein könne, wäre glaubhaft, wenn es kein Mensch verkündet hätte.

Gerechtigkeit ist etwas, wonach man rufen muß: Unvorstellbar ein Gerechter, der ungerufen erschiene!

An den Menschen beginnt man zu glauben, wenn von Gott und der Welt nichts mehr zu hoffen ist.

Der Sturz eines Hochmütigen erfüllt die Demütigen mit frommem Stolz.

Denken, was war: Schule der Demut. Hoffen, das wird: Praxis des Hochmuts.

Ein Gott würde Mitleid erwecken ohne die Schwächen, die er ungestraft zugeben darf.

Demut verhindert, daß die Niedrigkeit, die wir in uns fühlen, auch die ist, die wir um uns sehen.

Man lernt Gefühle zu entwickeln, wenn sie einem Entschlüsse ersparen.

Den starren, mörderischen Stolz erkennt einzig die Religion, die ihn zur Sünde erklärt hat.

Gespielte Empörtheit ist häufiger als gespielte Resignation.

Bewunderung spricht, Ehrfurcht schweigt am längsten.

Glaubhaft ist nur eine Bescheidenheit, die man dem Bescheidenen nie zugetraut hätte.

Ein wenig Bitterkeit macht den Stolz geistreich, Verbitterung macht ihn stumm.

Die meisten Laster sind Gewohnheiten und schon deshalb zu einer Umsicht verurteilt, die keine Tugend erreicht.

Für den hochmütigen Menschen kann die Liebe nur eine Unterwerfung unter den hochmütigeren sein.

Vor den kleinen Eitelkeiten bewahrt die größere Eitelkeit, nicht die Demut.

Echter Skepsis begegnet man noch seltener als echter Gläubigkeit.

Kleiner werden ist seelische, sich kleiner zeigen soziale Tugend.

Demut macht das Leben schwerelos und das Sterben gewichtlos.

## *Umkehr*

Der angenommene Glaube demütigt die angeborene Frömmigkeit.

Menschenähnlich ist allein die Gottheit, an die man aus Menschenfurcht glauben lernte.

Mit vielen Tugenden fällt man seinem Nächsten lästiger als mit einem einzigen Laster.

Fühlten sie sich nicht enttäuscht, wären manche Menschen nie auf die Idee gekommen, sie hätten gehofft.

Wer nicht weiß, wem er danken soll, benimmt sich meist so andächtig wie anmaßend.

Haß ist das einzige Gefühl, das sich reinigt, wenn man es bekennt.

In der Selbstzufriedenheit begegnet der Bescheidene seinem Gott.

Der Menschenfeind hat Menschen am meisten nötig.

Ehrfurcht bedarf eher einer Ahnung als der Gewißheit.

Man lernt, sich zu verkaufen, ehe man lernt, sich zu verschenken.

Gute Taten lassen sich durch schlechte korrigieren, doch ein guter Charakter ist wehrlos gegen den Hohn der Welt.

Um fromm zu werden, genügt es nicht, sich ungerecht behandelt zu fühlen; man muß auch sicher sein, daß kein Menschenauge die Ungerechtigkeit sah.

## *Güte*

Der Ursprung der Güte ist unauffindbar in der Welt. Es muß sich um die Erfindung einer einsamen Seele handeln, um eine Empfindung, die nur jenseits der Welt echt sein kann.

In seinen engelhaften Momenten erinnert der Mensch an ein verwirrtes Tier.

Die uns nahe stehen, behandeln wir selten als unsere Nächsten.

Unschätzbares muß man ungeschätzt weiterreichen.

Wenn die Güte nicht mehr Routine ist, wird sie Eitelkeit.

Die echte Freundlichkeit erscheint stets ein wenig grundlos.

Verzicht auf Rache ist ein Gottes-, kein Menschenrecht.

Die bösartigsten Gerüchte verbreitet die Langeweile, nicht die Bösartigkeit.

Verweigertes Mitgefühl erzeugt Gefühllosigkeit oder Selbstmitleid – das vielleicht die Gefühllosigkeit selbst ist.

Herzlich kann nur ein Lachen sein, nie ein Lächeln.

Das Unglück der Wohltäter ist, daß man sie für zuverlässiger hält als die Übeltäter.

Der Geistreiche liebt Abwechselung, der Gutherzige schätzt Monotonie.

Es gibt Tugenden, deren Erkenntnis direkt ins Laster führt.

## *Tugend*

Man trägt schwer an den guten Eigenschaften, die einem niemand abnehmen will.

Mit nutzlosen Tugenden macht man sich so lächerlich wie mit nützlichen Lastern.

Stolz ist die Tugend des Menschen, der seinen Ruf akzeptiert.

Aufrichtig bewundert werden nur Talente, niemals Taten.

Die Kunst hat Regeln, das Leben Konventionen.

Wer sich auf sein Gefühl beruft, der weiß aus zuverlässiger Quelle, was er zu fühlen hat.

Mitleid ist das Laster jener Unglücklichen, die am eigenen Unglück nicht genug haben.

Den Kleinlichen erbittern Gefälligkeiten noch mehr als Gemeinheiten.

Die Verlogenheit, nicht die Lüge blickt tiefer als die Wahrheit.

Es genügt nicht, Charakter zu haben, man muß ihn auch zu zeigen wissen.

Wer kann schon länger als zehn Minuten vom Schmerz eines anderen hören, ohne an den eigenen zu denken?

Mit sieben Lastern wird man eher fertig als mit einem einzigen.

Wer nichts bereut, der hatte keine Wahl.

Je fester der Glaube, desto läßlicher die Sünde dessen, der ihn predigt.

Nur gemeine Seelen sind nicht zu betrügen.

## *Freundschaft*

Was Freundschaft begründet, ist nicht Blindheit, sondern ein fester Blick, der haarscharf am Innersten des Freundes vorbeigeht.

Menschen, die nicht mehr lieben, verzeihen die Affäre eher als die Indiskretion.

Die Zudringlichkeit unserer Freunde bewahrt uns vor der Zudringlichkeit unserer Einsamkeit.

Gefühllosigkeit wird durch Gedankenlosigkeit erträglich; man bleibt im Gespräch.

In der Liebe muß man verzeihen, in der Freundschaft vergessen können.

Aus der Besorgnis angesichts fremder Armut spricht der Zweifel am eigenen Reichtum.

Der Reiche kann niemals Freund, sondern nur Verbündeter sein – im Kampf gegen die Armut.

Alles, was du von einem Menschen wissen mußt, sagt dir sein Schmeichler.

Schwer trägt man an Freundschaften, die frei von Interessen sind – an Freundschaften, die nur noch Freundschaft zusammenhält.

Der Großmütige ist oft ungerecht, der Geizige behandelt alle Menschen gleich.

Manchmal muß man verletzen, wenn man nicht verachten will.

Die kalte Launenhaftigkeit, die alle Liebe und Freundschaft zerstört, hält sich gern für rasende Leidenschaft.

Aufrichtig ist man in dem winzigen Moment der Unsicherheit, ob man vor sich selbst oder vor dem anderen Komödie spielt.

Feinde geleiten uns durchs Leben, und Freunde tragen uns zu Grabe.

## *Feindschaft*

Im Haß vergißt und erkennt man sich.

Zwietracht, Mutter aller Vereinigungen!

Der Feind fürs Leben ist der Freund von gestern.

Es gibt keinen Selbstverächter, der nicht auch ein wenig Verachtung für andere übrig hätte.

Die uns nicht lieben, können uns nicht zerstören und ermuntern uns zur Selbstzerstörung.

Wer einen Menschen seinen besten Freund nennt, hat ihn schon an alle anderen verraten.

Man soll nur über die lästern, die man mag; bei den anderen genügt Mitteilung der Tatsachen.

Je gründlicher deine Feinde einander kennenlernen, desto inniger werden deine Feinde einander hassen!

Menschliche Würde zeigt sich, wenn überhaupt, nur beim Zusammenstoß mit Menschen, die noch nie von ihr gehört haben.

Wer ans Vergeben glauben will, muß hierfür alles vergessen, was ihn die Vergeblichkeit gelehrt hat.

Die großen Wohltaten ähneln den großen Kränkungen darin, daß man sie nicht vergelten kann.

In der Wahl seiner Schimpfwörter verrät der Mensch, aus welchem Stoff er sich geschaffen fühlt.

Verleumdungen sind die Vertrauensbeweise des Feindes.

Den kleinen Widersacher begräbt man, den großen bekämpft man nach seinem Tode.

Nur der erregbare, aber erschöpfte Mensch kann wahrhaft tolerant sein.

Zartgefühl registriert eher den Rückzug als den Angriff.

Im Vergeben werden Verachten und Vergessen eins.

## *Herrschaft*

Natürliche Überlegenheit hängt an Eigenschaften, die man aus eigener Kraft nicht abschütteln kann.

Anbetungswürdiges ist allein durch Anbetung zu entwürdigen.

Wer nicht ohne Peitsche leben kann, der weiß das schon, bevor er weiß, ob er die Peitsche schwingen oder spüren will.

Jeder lebenslänglich Gefangene hat die Würde dessen, der nicht freiwillig am Leben ist.

Gewisse Götter und Menschen wollen gnädig wirken und erregen doch nur Mitleid, da man ahnt, daß sie nicht gerecht sein können.

Der Richter bleibt durch sein Urteil gezeichnet, der Verurteilte durch seine Tat.

Achtung vor unsresgleichen lernen wir nur durch Furcht vor denen, die nicht unsresgleichen sind.

Knechtschaft ist der Humus, aus dem die Phantasien von Freiheit durch Herrschaft sprießen.

Es gibt eine Liebe von unten nach oben; ihr größtes Glück ist es, das Geliebte durchschaut zu haben.

Vornehmtuerei ist Vulgarität, die sich schämt.

Für den Schwachen gibt es nur Niederlagen, nie Rückzüge; er führt Kämpfe, die nichts von ihm übriglassen. Der Stärkere gibt nach, weil er nicht alles gibt.

Von Freiheit spricht man, wo es Beute zu machen, von Gleichheit, wo es Beute zu verteilen gibt.

Wer Herr seines Willens sein will, der will keinen eigenen Willen haben.

Vorbilder, von denen man spricht, haben aufgehört, welche zu sein.

Der glückliche Sklave vergällt seinem Herrn die Freiheit.

## *Gemeinschaft*

Wunden, die die Einsamkeit geschlagen hat, kann keine Gesellschaft heilen.

Das Elend der Herablassenden ist, daß sie sich am Ende doch herablassen müssen.

Um sich bei jemandem in Erinnerung zu bringen, genügt es, ihn gelegentlich zu vergessen.

Kein Mensch ist ohne Meinungen, doch der freie Mensch wagt zu sagen, wer sie ihm aufgenötigt hat.

Das Außergewöhnliche ist und bleibt die Gottheit der Gewöhnlichen.

Wer sich für geistig überlegen hält, vereinsamt, wer sich für seelisch überlegen hält, verkümmert.

Höhere Gefühle können nur Leute haben, die damit allein bleiben.

Die Intrige, ob politisch oder privat, lohnt für jene, die weder das Elend der Konkurrenz noch die Kurzatmigkeit des Erfolges schreckt.

Eine gute Erziehung läßt sich schwerer vergessen als eine schlechte Erfahrung.

Fast allen, die ihre Mitmenschen verstören, hatte man irgendwann empfohlen, das Leben zu genießen.

Die Fehler eines Individuums sind nur durch die Fehler eines anderen Individuums zu korrigieren.

Was wir uns selbst nachsagen, beweist mehr Dringlichkeit als das, was wir anderen nachsagen.

Distanz ist das einzige, was kein Pathos verträgt.

In einem Alter, da man Grund zum Lachen hätte, hat man nicht mehr die Kraft dazu.

Nur ein Wunsch beseelt den Tropf: auserwählt zu sein. Dafür verrät er alles, sogar die Klasse der Auserwählten.

## *Verzagen*

Nur der Schüchterne wagt zu träumen.

Nichts beginnt so zaghaft wie die Weltverachtung.

Verspäteter Ehrgeiz erschreckt, verspätete Sehnsucht erheitert.

Stolz kann den Charakter ersetzen und Demut die Charakterlosigkeit.

Unsere Sehnsucht nach einem Menschen hat nichts mit den Ereignissen zu tun, die sie stillen werden. Das allein rechtfertigt die Schüchternheit vor den Menschen.

Schamgefühl ist oft der Anfang und öfter das Ende der Intelligenz.

Erst kurz vor ihrem Ende finden die Schüchternen zum Angriff, zur Anmaßung oder zur Andächtigkeit.

Bewunderung verlernt sich leichter als Verachtung.

Banal wird das wiederverwendete Wort, nicht das wiederkehrende Gefühl.

Sobald man entdeckt hat, daß man mit seinen Wünschen dem Nächsten weder ein Grauen noch ein Ärgernis ist, beginnt man, sich für seine Wünsche zu schämen.

Intimität ist alles, was sich zeigen läßt; der Rest bleibt draußen.

## *Verstummen*

In der Einsamkeit freut man sich über jeden Besuch. Das verstehen die Besucher oft falsch.

Aus Selbstgesprächen ist mehr zu erfahren als aus Schuldbekenntnissen.

Aufrichtig ist die Gesinnung, die man nicht zu bekennen wagt.

Was die meisten Dokumente von Selbstgesprächen so unerquicklich macht, das ist, daß die Dokumentaristen sich zuvor mit Gesprächsstoff so überreichlich versorgten.

Was tief ist, liebt vielleicht die Maske, braucht sie jedoch niemals.

Vertraulichkeiten kränken uns fast immer. Zunächst durch die Geringfügigkeit der Nöte, für die wir Anteilnahme bekunden müssen. Dann durch die Unbefangenheit, mit der man sich gerade an uns gewandt hat, also an die ersten besten!

Grenzenlose Aufmerksamkeit kann nicht aufrichtig sein.

Je mehr ungleichen Freundschaften man sich verweigert hat, desto deutlicher begreift man seine Unfähigkeit zu gleichrangigen.

Mit Offenbarungen ist es wie mit Zweifeln: sie können alles enthüllen, doch nicht alles zugleich.

Am stärksten fesselt an den Nächsten das, wovon dieser nicht zu sprechen wagt.

Unter Redseligen wirkt der Schweigsame aufdringlich.

Könnte man hören, was an nur einem Abend über einen gesagt wird, würde man keinen Morgen mehr sehen wollen.

Ein Hauch von Geringschätzung hilft uns am besten, das Geheimnis unseres Nächsten zu bewahren.

Wer bin ich, daß ich dir »die Wahrheit« über dich sagen dürfte, wer bist du, daß du mich nach ihr fragen dürftest?

Das Lob der Oberfläche steigt empor aus der Angst des Ertrinkens.

Man spricht viel von sich und hofft, damit einige Rätsel aufzugeben.

Die edle Seele handelt aus, nicht im Mitgefühl.

Nur wenige Überraschungen hält das Herz bereit, das sich endlich öffnet.

Das Selbstgespräch verhindert jenes letzte Wort, das der schweigende Irrsinn wäre.

## *Kränkung*

Ein Lächeln, das keinen Schmerz verbirgt, wirkt schnell arrogant.

Unerträglich wären die Kränkungen des Lebens nur, wenn sie zu etwas dienen müßten.

Jeder Mensch, der sich unglücklich zu nennen wagt, trägt noch Jugend in sich.

Der einzige Fortschritt, über dessen Tempo wir uns niemals täuschen, ist der Fortschritt im Verlust der Achtung, die wir bei anderen genießen.

Schmerz versteht den Schmerz, Überdruß versteht alle Schmerzen.

Im Glück denkt man an gar nichts, im Unglück nur an sich selbst.

Gähnen und Weinen stecken an.

Trauer kennt ihre Gründe, Schwermut sucht und findet sie.

Nichts mutet eine verletzte Seele fremdartiger an als ein zerstörter Geist.

Überdruß läßt uns die Freuden wechseln, Verzweiflung die Kümmernisse.

Einem Verbitterten, der nicht zur Gesprächigkeit neigt, darf man jedes Wort glauben.

Freude nimmt überall Wohnung, Kummer bildet den Mittelpunkt einer Welt.

Die Banalität ihres Unglücks quält manche Menschen stärker als die Seltenheit ihres Glücks.

Schmerz läßt uns die Furcht vergessen und Freude die Hoffnung.

Sich verletzt fühlen heißt sich gemeint wissen.

Je weniger Ketten uns im Leben halten, desto stärker drückt ihr Gewicht.

## *Krankheit*

Man kann die Gesundheit nicht preisen, ohne anderes im Sinn zu haben als die Gesundheit.

Die Verzögerung des Endes ist die betriebsamste Form der Endgültigkeit.

Je dichter die Kranken ihn umgeben, desto ferner rückt ihnen der Heiler. Zuletzt verfällt er dem Größenwahn, wie jeder durch Pilgermassen verwirrte Gott.

Der Vorsorgliche verläßt dieses Leben bei tadelloser Gesundheit.

Worin sie dem Leben gleicht, begreift man nach ihrem Verlust: Die Gesundheit ist ein triviales Wunder.

Hinter dem Rücken des Menschen schreiten Krankheit und Leben voran.

Was man wirklich sagt, erfährt man aus Gesprächen, nach denen der eine auf die Straße gehen darf und der andere im Zimmer bleiben muß.

Hoffnungslose Fälle heißen jene, die täglich Leben gegen Hoffnung tauschen müssen.

Der Kranke ist zum Lobpreis des Lebens verurteilt wie der Alte zum Beifall für die Jugend.

Man darf allen Heilern mißtrauen, man muß nur vom einen zum andern gehen.

Hinter uns verfallenes, vor uns verfallendes Leben ...

Rekonvaleszenz – die einzig natürliche Art von Fortschritt.

Das kurze Leben läuft der Krankheit davon, das lange läuft ihr entgegen.

Im Trübsinn vergißt du Menschen und Körper, doch in den Körper holen dich die Krankheiten und unter die Menschen holt dich dein Körper zurück.

Zum Arzt gehen heißt einen Körper spielen – und welches Spiel mit Körpern hatte je ein gutes Ende?

Aussicht auf ewige Gesundheit besteht, wo sich zu jedem Übel ein größeres findet, dem man es aufladen kann.

Die kranke Seele schweift ins Grenzenlose, der kranke Körper zwingt sie ins Hier und Jetzt.

Der Hochmut des Leidenden wetteifert mit der Anmaßung des Heilers.

Man muß stark und hilflos sein, damit man sich helfen läßt.

Der Glaube an jemanden, der mehr gelitten hat als man selbst, heilt von Hochmut und Mißgunst gleichermaßen.

Gesundheit: Zustand, der, um nicht komisch zu wirken, keine Worte von sich machen darf.

Wir buddhistischen Abenteurer: Hinter uns die Geburt, vor uns Krankheit, Alter, Tod.

## *Alter*

Unvorstellbar, sich auf etwas vorzubereiten, das auch unvorbereitet eintritt.

Die Weitsicht des Alters beschränkt sich auf die Vergangenheit.

Jedes Leben wird zur Gewohnheit, und eine Gewohnheit ist jenseits des Mißlingens.

Die Zeit ist der Käfig, die Jahre sind die Gitterstäbe.

Altern – der lebensnahe Ausdruck für Sterben.

Die Gerechtigkeit der Natur ist eine Grausamkeit ohne Pathos.

Alles bezweifeln ist die Pubertät, alles ertragen die Senilität des Skeptizismus.

Das einsame Leben ermüdet: Keines Menschen Gegenwart täuscht uns mehr über das Schwinden unserer Kräfte.

»Erfahrung« ist im Munde des Jugendlichen eine Prahlerei, im Munde des Erwachsenen eine Ausrede, im Munde des Greises eine Beschwörung.

Altersschwäche und Todesnähe bringen auch die einsamste Seele wieder unter Leute – unter Körper.

Illusionslose Gier trifft auf kraftlosen Illusionismus: der ewige Stoff der Alterposse.

Am jungen Menschen erheitert, was er werden, am alten, was er sein will.

Das Alter ist der Fehler, den niemand mehr ablegt.

Der Mangel an Ereignissen rechtfertigt die Länge eines Lebens.

Die Zeit verwüstet das Gesicht, das sich von ihr abwenden will.

Leichtsinn verleitet die Jugend zu bösen und das Alter zu guten Taten.

In die Jahre kommt nur die Seele, die sich unter die Jahre begeben hat.

Die Jungen dürfen, die Alten müssen im Augenblick leben.

Nichts berührt einen Charakter weniger als sein Wandel.

Die Leidenschaft des Alters ist die Gewohnheit.

Man hat sein Leben verträumt – und hofft, auch sein Sterben zu verträumen.

Alter, das seinen Namen verdient, ist Entblößung von Illusionen, ist also nacktes Leben, das niemand schön finden kann außer dem Alten selbst.

Man bleibt Herr seiner Enttäuschungen, wenn man sich sagen kann: *Ich* habe mich getäuscht.

Allein dem Humor der Alten darf man trauen, denn sie lachen für sich und ihresgleichen.

Das lange Leben ist die Selbstkritik der Gesundheit.

## *Abschied*

Je mehr Jahre jemand in sich trägt, desto ferner scheint sein Sturz. Es ist, als hätte er ein Gewicht erworben, das ihn im Leben hält.

Auch wer nur halb und halb gelebt hat, muß ganz und gar sterben.

Die Zeit, die uns nicht gehört, vergeht, wir vergehen mit ihr; unser Nicht-Besitz kostet uns das Leben.

Mit allen Tieren stirbt der Mensch. Das verzeiht er ihnen nicht.

Die Torheit, vor der das Alter nicht schützt, ist dessen letzter Triumph über die Jungen.

Gegen seinen sofortigen Tod hat das Leben nur ein Mittel gefunden, das Sterben.

Freude ist der Zustand, dem Erinnerung nichts anhaben kann.

Einstige Wüsten stimmen schwermütiger als einstige Oasen.

Am freiesten urteilt über das Leben, wer es hinter sich hat.

Auf die Nachricht: »Er stirbt!« fragen: »Seit wann?«

Im sinkenden Leben erhebt man sich nicht mehr zur Verzweiflung, man läßt sich von ihr überkommen.

Das Sterben ertragen lernt man mit den ersten Atemzügen, das Leben lieben mit den letzten.

In der Krankheit geben wir uns als Individuen. Der Tod gibt uns der Allgemeinheit zurück.

Leben heißt Zeit verlieren.

Es stimmt nicht ganz, daß man sich mit den Jahren nicht mehr ändert: Der Wunsch, sich nicht mehr zu ändern, wächst mit den Jahren.

Die Jugend bereitet nicht aufs Leben vor, das Alter nicht auf den Tod.

Die Krümmung ist der natürliche Lauf eines Menschenlebens. Wunderlicher Anblick daher, wenn jemand in vorgerückten Jahren noch versucht, *Haltung* anzunehmen.

In Abschiedsbriefen ist man mitteilsamer als in Antrittsschreiben.

Die Resignation, die er mit dreißig auf dem Gesicht trug, ist ihm mit sechzig in alle Glieder gefahren.

Sterbende nennt man jene, über deren Witze die Lebenden nicht lachen dürfen.

## *Ruhm*

Wer sich aufs Wesentliche beschränkt, ist nicht zur Wortarmut verdammt, im Gegenteil: wer nur weniges zu sagen hat, wird es wieder und wieder sagen müssen.

Die letzte Furcht vereinfacht eine Seele. In ihrer Todesangst vertraut sie sich der Kälte des Geistes oder der Wärme eines Fleisches an.

Der alte Mensch hat kaum Zeit, noch berühmt zu werden. Ihn muß die Einsicht trösten, daß man sich in jedem Alter lächerlich machen kann.

Der Name und das Sein ... Doch wer sich abmüht, einen *Namen* zu erwerben, wie sollte der sich nicht einbilden, daß er bereits *jemand sei*?

Ruhm: Absterben zu Lebzeiten. Nachruhm: Fortleben als Untoter.

Berühmtheit ist Todesnähe. Wer sich als Berühmtheit vorstellen kann, sieht sich mit den Augen der anderen; er sieht den Leichnam in sich.

Im gelingenden Leben scheitert man erst nach dem Tod.

Seine Erinnerungen aufschreiben heißt seine Erinnerungen aufbrauchen, heißt sich enthüllen, um nackt und bloß dort einzukehren, wo niemand mehr sich zu erinnern braucht.

Als Nachruhm gilt meist das, was nach dem Ruhm kommt.

Wer vom Tod überrascht wird, hat nicht die Zeit, wer mit ihm kämpft, hat nicht die Kraft, um vom Leben enttäuscht zu sein.

Die einen gehen von der Bühne, die anderen verlassen das Theater.

## *Gelächter*

Über den Irrsinn des Menschen, der am meisten von dieser Welt begriffen hat – über den Irrsinn des Menschen also, der einsam lacht –, ist sich alle Welt einig.

Eher findet man vom Lachen zum Lächeln als vom Lächeln zum Leben.

Unmöglich, mit jemandem heiter zu sein, der nicht mit uns geseufzt hat.

Im Lachen über sich selbst wird das Tier jedesmal zum Menschen.

Es gibt keinen lächerlichen Erfolg. Der Erfolg ist die Lächerlichkeit.

Die Nachwelt? Eine um deine Abwesenheit vermehrte Mitwelt!

Das lachende Kind gilt als unwissend, der lachende Alte als unweise. Welch ein Urteil über das Leben!